CON MIEDO, SIN CERTEZAS

LA CALLE

CON MIEDO, SIN CERTEZAS
© Antonio Ruiz García
Diseño de portada: Dpto. de Diseño La Calle

Iª edición

© Editorial La Calle, 2025.

Editado por: Editorial La Calle
c/ Cueva de Viera, 2, Local 3
Centro Negocios CADI
29200 Antequera (Málaga)
Teléfono: 952 70 60 04
Fax: 952 84 55 03
Correo electrónico: editoriallacalle@editoriallacalle.com
Internet: www.editoriallacalle.com

ISBN: 978-84-19519-34-4
Depósito Legal: MA 274-2025

Impresión: PODiPrint
Impreso en Andalucía – España

Nota de la editorial: ExLibric pertenece a Innovación y Cualificación S. L.

Antonio Ruiz García

CON MIEDO, SIN CERTEZAS

Editorial La Calle

Antequera 2025

A los dos clavos
de mi corazón.
Con un amor que no sé expresar.

FUERZA TRIANGULAR

Esta confusión es nueva y extraña.
Sabe a aventura, sabe a diversión.
Este clavo, junto a este clavo,
se funde en la misma oquedad,
llenando este lugar lleno
de algo diferente y nuevo
que parece llenarlo aún más.

No lo vi venir —y eso que siempre
que se me eriza la piel
suele ser así...—. Aunque este viento
ya me decía que venía tormenta,
no lo quise ver venir.

Yo
puedo defenderme, pero, aunque dura,
siempre una armadura tiene alguna
concreta fragilidad. La flecha
tiene su propio arte de amar para con juntas
y articulaciones de metal.

Este viaje, con billetes de ida sin regreso,
marca sobre mi reloj
el tiempo de esta nueva exploración, ahora que
a este lado del andén somos más de dos,
y nos miramos como nuevos extraños
en este viejo conocimiento de la dulzura
y de la fuerza motriz de la pasión.

Esta confusión sabe a vértigo,
sabe a traición. Pero esta vez me abriré.
Tengo reserva para dos,
donde esta ternura se filtra por las grietas
y trepa inundando nuevos días
rebosantes de alegría y también
de enorme emoción.

Esta confusión —como la noche—
es joven pero corta.
Como en lo que respecta a mí,
que se me va acortando también la juventud,
y no sé si camino hacia delante o hacia atrás,
pero tengo perdido de vista el faro de luz.

Esta vez me abriré y sé
que nos amamos mucho,
que nos amamos demasiado,
y que no se consume por más
que en juego se ponga.
Pero este arte de amar
podría acabar con nosotros:
pero parece que esta vez sí,
pero parece que esta vez no...

Me dejaré llevar por esta corriente.
Me hundiré en esta fuerza triangular.

MI MURO DE CRISTAL

Algo dentro de mí sabe que no debo.
Quiero escribirte, pero no puedo,
aunque empuje
tu desnudez contra mi desnudez,
tu ternura contra
mi fino muro de cristal.

Me resisto, la verdad —pero poco—
a la caricia de una aventura
de grumos de sal que surcan
este asfalto que todavía huele
a cítricos y a mar.

Algo dentro de mí sabe que puedo,
aunque no debería poder,
hacerme el loco sobre el oleaje
frente a la censura de coral
de este acuario de peces domésticos
que separa y filtra la tempestad.

Veo tu desnudez, nueva en un cuerpo nuevo.
Veo tu ternura, nueva sobre un corazón nuevo.
Y las palabras empujan, pero no se marcan.

Hay un obstáculo que no las deja pasar,
esta censura perimetral linda
—como tu mirada—

donde navego y naufrago,
donde bebo y donde me deshidrato,
donde no puedo nadar más
como el pez del acuario,
cuando choca
contra su muro de cristal.

MAÑANA AMANECEREMOS JUNTOS

Mañana amaneceremos juntos.
Ahora, todavía vestidos.
Luego, la ropa regada
en la periferia de la cama.

Hoy caminaremos juntos,
desnudos a una altitud incierta,
a una latitud desconocida
en dos pieles determinadas.

Ayer atardecimos separados,
con un cielo incendiado
sobre palmeras bajo una verja
que delimitaban nuestra arena.
Mañana una unidad se despierta,
pasado una unidad más un elemento
a nuestro cuerpo se engalana.

Los brazos en los brazos, enredaderas;
las piernas en las piernas, se trenzan;
los labios en los labios, con savia;
los dedos con los dedos, raíces
de fuerte madera.

Pero *¿dónde está el límite?*
¿En el corazón o en las sábanas?
¡¿Dónde está el límite?!

¿En la piel...? ¿En las ganas...?
¿En el aire intangible?
¿En la tierra que escapa?
¿En el agua que discurre?
¿En el fuego que abrasa...?

En esta limerencia, supongo,
que nos agrupa en conjuntos extraños,
que nos acerca y nos separa,
que nos funde y nos atrapa.

CARTA BLANCA

Elije lo que quieras que será tuyo.
Busca en lo profundo y tócalo con tus manos.

En lo superficial con los dedos
avanza despacio —primero— y explora;
avanza deprisa —después— y con vigor
encadéname a tus deseos.

Toca mi cara, rózala con tus manos.
Recorre mi pecho con el tuyo,
ánclame con tus brazos.
Cubre mis nalgas, acércame a ti,
que no escape ni por un milímetro
el olor del sexo,
ni el sudor, ni el ansia, ni la calma.

Malea mi corazón con tus palabras.
Perfila mis adentros con el pincel del tiempo.
Elimina las impurezas y aristas
delicadamente
y arrebólame como hace el sol
con las nubes del cielo.
—Me dijiste.
Y yo usé la carta blanca para darte un beso.

CON MIEDO, SIN CERTEZAS

Miro al cielo raso en el tibio horizonte
canela de tus ojos de noche cerrada,
y entre luces de farolas y terrazas,
al oído me susurras que sientes miedo.

Te agarras —inequívocamente— a mis brazos.
Luces de coches distantes resplandecen y pasan
entre negocios de olor a cítrico y bergamota.
Y yo te respondo que no tengo certezas.
Me dices que —por favor— no me entristezca,
que la duda no es por nosotros.
Y yo solo te abrazo.
Te acojo aquí, cálido, en esta ensenada.

Entre este lugar que vibra y eso que late.
En esta caricia de tus labios sobre mi cara.
En estas manos tiernas, que tiemblan
de ganas por volver a vernos
de nuevo
mañana.

DE REPENTE

Pasa de repente,
como un estruendo, como un golpe en el alma,
como una canción, como unas escaleras,
como un dúplex y una película
de esas del fin de semana.

Y, de repente,
compartir el techo, compartir el sofá,
la televisión, la música, la cama,
vibrar con las notas, estremecerse
con las sábanas,
despertarnos para despedirte
antes de ir al trabajo
para desayunar contigo
y volver al cine de las sábanas blancas.

Y, a la siguiente noche,
de nuevo besarnos a tres,
y salir al parque jurásico,
cenar juntos y pensar
en que así podríamos amanecer
una y otra vez
muchas mañanas,
por no decir todas,
porque sería
una ida completa de olla.

El verano es corto y la cama
de uno con cincuenta nos sobra:
si tienes calor, me soplas;
si tengo calor, sudas conmigo la almohada.

Y, de repente, todo salta por los aires.
Y, de repente, ya: la nada.

SEPTIEMBRE DE DOS MIL VEINTIDÓS

Aquí, septiembre de dos mil veintidós:
un hombre entre dos corrientes,
dos barcos hacia mi deriva,
meciéndose en mis manos
colmadas de sal y alegría.

Aquí, un sueño particular
del que no quiero salir:
sobre la arena una caricia
y la espuma como un cuerpo,
y otro cuerpo de arena mojada
también sobre mí.

Ambos me inundan de algo
que reconozco en mí.
Un domingo por la tarde
echándolos de menos
        —a los dos—
y cada uno, solo, por ahí.

Supongo que la vida va así:
a un golpe de timón,
a dos ventiscas contra cada sien,
a dos amarras que me atracan
el corazón.

Aquí voy, con miedo
frente al calendario, que va despacio,
mientras el deseo galopa sin control.

Yo y el horizonte —por su parte—
vamos por la orilla,
buscando una nueva manera de vivir,
aprendiendo del nuevo día
y de cuando llega el rojo atardecer
y nos resistimos a tener
que partir.

Los días pasan y sobre la orilla
no siempre estoy yo,
ni la espuma, ni la arena mojada
sois siempre tú o tú.

Y, a veces, yo baño vuestros cuerpos
con todo lo que soy,
que soy solo yo.

Aquí, un día de septiembre
de dos mil veintidós, y un hombre fluyendo
—un hombre hundiéndose—
donde le dicta el corazón.

ESPALDA CONTRA ESPALDA

Espalda contra espalda
sobre la orilla se acaba poniendo el sol.
Tras él, la luna llena brilla
y mis castillos de arena
se desmoronan, grano a grano,
por el relente nocturno.

No sabemos si llena o gibosa creciente,
pero es la luna, y las estrellas
caen hacia mí y no sé
cómo hemos llegado hasta aquí.

Sopla el viento y somos tres.
Y yo ya no sé quién soy,
pero en la noche desnuda reímos y bailamos,
bebemos y nos cogemos de la mano.

No me pregunto nada ahora:
camino sin preguntarme si me haré daño
sobre el filo de este precipicio
alto, vertiginoso e inexplorado.

Y ahora, otra vez, el corazón me da un vuelco
y con las manos... ¡Y lo tengo entre las manos!

Y trato de quedarme inmóvil con la cabeza
entre el suelo y las nubes,

sin preguntas, sin respuestas,
sin saber qué hacer.

Espalda contra espalda sobre la orilla
camino, floto, me arrastro,
me dejo llevar de lado a lado;
tengo miedo, pero no me rajo,
corro sin moverme de un plano a otro plano
horizontal, oblicuo y sudado.

Espalda contra espalda
sobre la orilla el alba trae nueva luz.
Tras ella, espejismos de luna
y mis castillos de arena
son solo granos en un montón,
que se lleva la brisa de la mañana
para construir otro sueño
en otro corazón.

HOY

Un martes, como hoy, y no sé qué pasa,
que me encuentro frente a tu puerta
con ganas de un cuerpo a cuerpo,
con ganas de un combate en la cama.

Un día de amor cada semana y un finde
de amor a tres bandas y un juego de cartas,
donde no sé bien cómo repartes ni barajas
esta sangre, este tridente de fuego y ganas.

Hoy, armado de artillería pesada y sin toalla
y con tu boca en la nuez y arena en los pies,
empatamos en puntería sobre la playa.

Hoy, que no es un día cualquiera para ser fiel,
y yo que no tengo miedo a la emoción ni a las palabras,
pero no sé qué pasa cada vez que te veo la cara:

que empuja esta pulsión, este trote feroz
que dispara balas de mar bravo y deseo,
porque lo quiero todo sin esperar a mañana;

porque sin esperar más, soy solo arcilla
húmeda, lubricada y entregada, moldeándose
entre tus dedos y las palmas de tus manos,
donde creas para mí una nueva vida.

JAMÁS PENSÉ

Jamás pensé que de agosto a noviembre
se pudieran unir el verano y la primavera
—al menos, en este hemisferio del globo—.

Jamás pensé sentirte tan en mis adentros
ni que me mataría este profundo anhelo,
esta sed de tus manos y de tus besos.

Tampoco pensé en esta locura extrema:
enamorarse —una vez— de verdad ya es difícil
como para hacerlo dos veces al tiempo.

Pero debe ser que estoy loco por completo.
No se explica que mi corazón ame así al tuyo
y al suyo —a la vez— y de la misma manera.

Ni yo mismo lo entiendo y quema en mi pecho.
¿Cómo es posible que sea tan cálido el invierno
y que yo me esté consumiendo en esta hoguera?

Solo quisiera llorar como un niño bajo las sábanas,
que entre tus brazos me duerma serenamente
y despertar sonriendo con el nuevo día.

Dejadme deciros a cada uno que admiro
vuestra generosidad, vuestra renuncia,
y que me odio a mí y a mi egoísmo.

Porque os amo con toda la llama de mi vida.

ANTONIO RUIZ GARCÍA

TOMARME UN TIEMPITO

Ante tal escisión interna me hallo
que la mejor decisión no es la justa,
que la justa duele como la injusta,
si no aún más, porque parte la razón.

Ante tal saco de cristales rotos me veo
con este jarrón que será difícil de arreglar
sin que se noten los desconchones y grietas
por donde he de pegar nuestro corazón.

Ante tal... es una burda justificación.
Porque este dolor lo entiendo y no.
Porque este deseo no sé si es deseo.
Porque este amor no sé si es amor.

Ante tal me hallo y me veo sin cuerpo
ante dos caminos sin brújula ni guía,
sin saber, sabiendo que algo sí que sé,
y que no es estar solo mirando al puerto.

Ante mí un reloj que quiero detener:
miro vuestra foto de cuando fuimos a cenar,
y solo me sobresalta que eso ya no será,
y que yo estoy dividido: vacío y entero.

CON MIEDO, SIN CERTEZAS

Esto ha sido un precioso sueño de amor
que de dolor se ha visto bien envuelto,
y miro adentro y veo todo puntiagudo
y gris, porque no sé qué quiero:

si tomarme un tiempito, o loco,
tirarme al vacío por si allí hay alimento,
o despeñarme y escarmentar
y acabar con todo este sufrimiento.

Después lo pienso, el reloj avanza
y que yo esté sufriendo, en realidad,
no elimina las incógnitas que tenéis adentro
vuestro, si no que destroza vuestro sueño.

Con un tiempito sé lo que pierdo
y lo que gano, que es del futuro un tronco,
para construir una casa reunidos
o montar un incendio y arder solo.

CARTA CELESTE

Era tu última carta —literalmente—.
Era un día sereno, raso, luminoso
en este diciembre primaveral del dos mil veintidós
que en nada se parecía al invierno,
salvo algún día de lluvia tormentosa, que ya pasó,
y que parece no volver a esperarse
hasta dentro de tiempo.

Pero, insisto: era un día sereno, raso, luminoso.
Y te estaba viendo, frente a mí, derecho y hundido,
y te estaba tocando, entre mis brazos, cálido y frío,
y te estaba besando: lindo, tierno y con escalofrío.
Y era el último día en que lo hacía, de nuevo.

Era tu última carta —literalmente—
escrita también con boli azul, llena de tu amor
y de tu angustia y comprensión
para acogerme en tus brazos.

La respuesta no es que no quiera cobijo en ellos;
es que guarecerme en ti, conmigo quebrado,
es arreglar un destrozo para crear otro:
no ser quien soy o quien era contigo,
y que seas conmigo otro que no eres,

aunque nos aliviase el dolor de la herida,
no es la solución,
sin que cada cual arregle su miedo
y su pérdida por sí mismo.

Aquellas
eran unas palabras sinceras, de un amor sincero,
de un amor sano y profundo, verdadero sin duda,
pero que amo tanto que no me da miedo fracasar
de probarlo, sino de probarlo y romperlo
con mis pedazos afilados y agudos.

El celeste te relaja, es tu color de serenidad
—el sobre no está elegido como si tal cosa—,
todo tiene un sentido, un arreglo, un rito
ceremonial que una lo desunido.

Repito, una vez más, que era un día espléndido
azul y brillante como tu carta celeste.
Era un día sereno, raso, luminoso
para no haberte soltado jamás de mi mano,
para no haberte despegado jamás de mis labios,
para haberos hecho caso y ser egoísta
y jugármela, a ver qué pasaba,
y ver si os hacía daño.

CAMINO

Camino por esta librería. Camino por este local.
Y detrás de esa estantería no hay nadie.
Y detrás de ese tabique tampoco estás.
Camino sin vuestras manos y me tambaleo.
Camino y leo cosas que no quiero leer.
Camino y veo personas que no quiero ver.
Camino mirando las notas de mi móvil
y encuentro los platos que cenamos
en aquel restaurante chino y aquella foto
en la que estabais guapos a rabiar.
Camino y, cada uno por su lado,
os puedo ver reír en Instagram.

Camino y se me encoje el pecho:
camino, hablo, sonrío, trabajo
y no puedo parar de llorar.

Ha sido demasiado amor
—tanto como el que podía dar—,
más del que me convenía probablemente amar.
Fue demasiado amor, para luego
salir solos a caminar.

FIN DE AÑO

I

Generalmente,
cada año se acaba
con un suspiro.

Noviembre fue duro, diciembre peor.
Aunque dentro del dolor y el desgarro
sentía todavía amor
cuando estaba en vuestros brazos.
Ahora, cada uno en su fiesta
con cara de alegría y llenos de tristeza,
como almas en pena, sonriendo alegría,
compartiendo con los que nos quieren,
aunque no todos a los que queremos
están aquí ahora a nuestra mesa.

II

Generalmente,
cada año empieza
con una sonrisa.

Diciembre fue peor, enero es una incógnita.
Aunque dentro chisporroteen cables pelados
y sienta todavía amor,
aunque sin red debajo del trapecio.

Ahora cada uno con su resaca,
con el corazón hecho añicos, porque de añicos
es de lo que está hecho el corazón,
y con un cuerpo sórdido que no puede con el hastío
de otro día más que abre un año entero
de misterio, de duda y de vacío.

III

Generalmente,
cada año se acaba y empieza
con un pie que avanza y otro que le sigue,
generalmente firme y sin certidumbre,
pero este va a rastras y con miedo,
y con el dolor de los corazones rotos
por mi mano amada,
que acaricia y hiere
como el cincel al mármol,
como ama el artesano a la piedra
para crear algo nuevo y hermoso.

Aunque aún queda para que de este mármol
surja algo que merezca ver
tras tanta pena.

HAZLO SIMPLE

Regálame tu sonrisa,
tu corazón y una caricia.
Hazlo simple y camina:
suelta mi mano, agarra la suya,
coge su mano, suelta la mía.

Dame el pulso de una brisa,
la música de la esperanza y la vida.
Hazlo simple y camina:
ven a mis brazos y avanza,
y si es preciso, te ayudo
a cargar con tu ancla y tu mochila.

Puestos los pies sobre tierra firme,
mi ancla se quedó en el mar
a bastante profundidad.
Sin embargo, mi ropa mojada
es lo que pesa de verdad.

Sobre una rama la dejo,
desnudo y húmedo:

donde cada mano es un prado verde;
donde cada dedo es espiga
de la que obtener alimento;
donde cada cuerpo es un mundo,
sin igual, irrepetible;

donde cada pecho es la luz
que me hace entrar en calor;
donde cada uno es la fuente
de donde mana mi aliento;
donde cada uno más uno ya no son tres.
Diría, incluso,
que son de nuevo casi ninguno.

Y así,
y aunque es difícil de comprender,
si tu vida me dejara de querer,
si tu vida se olvidara de reír,
si dejaras de cantar,
si dejaras de amar,
no habría nada
por lo que dejar inundar
toda mi ciudad.

Hazlo simple, y nada más,
dime lo que quieras
como la ola procelosa
contra el rompeolas y la escollera
en la tremenda tempestad.

Hazlo simple y regálame
tus últimas lágrimas,
que las mías ya perdidas y dadas están.
Llora las últimas penas
para que consigas sacarme
de tu mar.

Al día siguiente, del siguiente,
o del siguiente al que siga a este,
entre la violencia y la ternura
estará comprometido mi pensar.
Y no sé si me quedaré.
Y no sé si se quedará, o si te quedarás,
o si vaciaré mi vida
y, simplemente,
me dedique solo a recordar.

¡AURORI, LA REINA DEL CIRCO!

I

Aurori, la reina del circo, presenta:

— A tres pistas para todos ustedes,
los tres hombres que hasta a ayer
no eran ninguno... Demos la bienvenida a
¡Sombra, Rueda y Colmillo!

Y el público rompió en ovaciones y aplausos,
enloquecido.

II

—En la pista izquierda, ¡Rueda!
y el mote no es casual. ¡Ya lo verán!
Sobre la rueda imposible cabalga,
una rueda con dos estacas ancladas
y con los pies de lado a lado
cambia la oblicua con cada pedalada.
Y con las manos recoge
lo que el ayudante le lanza
—también, por cierto, con mucha habilidad—:
mazas llameantes y cuchillos,
y Rueda lanza y juega y sonríe.
—Aunque tantas veces como antes y ahora
se quema y corta, pero él continúa igual—.

Y el fervor del público estalla
y se viene abajo cuando deja caer todo
y de un salto pasa a pedalear con las manos
los últimos metros que le separan del borde
y la primera fila,
y, allí, se vuelve a sentar,
y sonríe con los brazos abiertos,
como si quisiera a todos abrazar.

III

—¡En la pista central, Sooombra!
Bajo los juegos de luces desanda los pasos,
se alarga y se estrecha, se agiganta y empequeñece
a voluntad,
y desaparece y reaparece alternativamente
uno tras otro por los postes de la carpa,
como un parpadeo frenético:
—¡Mírenlo ahora, sentado sobre el trapecio!
¡Y también al lado de una señora de la grada!
¡Y en los brazos de ese señor con barba!
El público se levanta y aplaude
y silba desproporcionadamente
cuando tras un breve apagón
Sombra aparece —finalmente—
en el centro de su pista,
reverenciando al amado público por su entrega
y... ¡chas!,
de pronto ya no está.

IV

—En la pista derecha, entre las bestias, ¡Cooolmillo!
Y ahí está, relampagueando al ritmo del banco
y el látigo.
A su alrededor, como en un baile, giran las bestias
y él gira marcando
un círculo perfecto sobre la arena.
Las bestias bailan y giran
—al contrario del látigo—
y rugen con fuerza,
se revuelcan y saltan.
—¡Qué espectáculo sin igual!
Colmillo sobre el banco
dirige ahora la coreografía,
con el látigo como una serpiente
en su cuerpo enredado.
—Señoras y caballeros, Colmillo,
como un maestro de orquesta,
da pases de manos para acá y para allá.
Y se acercan los tigres y el león,
y el público —tras el previo aplauso—,
desasosegado, cae en un silencio sepulcral.
Ahí se acercan con sus cuerpos de depredador
y con sus dientes peligrosos,
¡y se abalanzan fieramente!
Y grita Aurori, la reina del circo,
y el público —*iaaahhh!*—.
El grito sordo de terror del público

retumba en la carpa,
pero Colmillo, al llegar a él, los abraza
y caen al suelo dóciles,
y juegan sobre la arena de la pista
empujándole con los hocicos,
como si lo quisieran levantar.
El público enloquece bajo la carpa
y no puede ya gritar más.

V

Se oscurece la carpa de un golpe
y bajo el foco central y por la megafonía
se oye con voz grave:
—¡Aurori, la reina del circo, y su espectáculo
ya van a terminar!

VI

Comienza la música y Aurori, la reina del circo,
con una reverencia
coge el micrófono y despide la función:
—Conmigo esta noche, ¡Sombra, Rueda y Colmillo,
un trío surgido de la nada, un trío sin igual!
Y canta Aurori su canción bailando con el público
entre aplausos y felicidad
y con una tremenda ovación y vítores:
—¡Aurori, eres la mejor!
¡Sombra, despídete desde aquí!

¡Colmillo, eres el más valiente!
¡Rueda, lanza algo más!

VII

Y Aurori, la reina del circo, acaba la función,
clavando las notas que suben magistralmente
—entre el público exultante de alegría—,
rodeada del elenco final.

Y Aurori, entusiasmada, tras la canción exclamó:
—¡Gracias por venir al circo! ¡La vida sigue!
¡Hasta siempre!

¡La función ya terminó!

EN MI CORAZÓN IMPAR

La ecuación perfecta de nuestros cuerpos impares:
tiempo y silencio, como armas con que avanzar.
Algo así diría Juan Ramón, aunque esto
diste mucho de su realidad.

Pero el tres no ha sido nunca un número.
Pero en mi corazón impar era todo par.
Todo verdadero, todo sentido, hasta en el error
y en el daño: todo sincero,
sin intención de querer ahondar.

Como sin intención me rompo y te rompo,
y arrastro conmigo a los demás.

Te amo y pido perdón.
Por no querer hacerte daño, he sido cobarde,
y aunque no estabas entero,
al final te he conseguido quebrar.

ANTONIO RUIZ GARCÍA

COMO DOS DESCONOCIDOS

Es como si el tiempo
se parase;
es como si lloviese
hacia arriba;
es como si corriese
hacia atrás,
dejando en el subsuelo
a la cima;
es como si tuviese el corazón
por estrenar.

Es como si minutero y segundero
fueran a la contra;
es como si te fumaras
una ola de mar;
es como si me importara
mi sufrimiento,
dejando tu miedo
oxidado y sin firmar.

Es como todo lo que tuve
y ahora se lo lleva
el viento;
es como llorar para dentro
sin poder llorar;
es como pedirte
que no te vayas,

poniéndote las maletas
en la puerta
y que salgas sin mirar atrás.

Es como si fuéramos
dos desconocidos
que se conocen, sin embargo:
en signos, siluetas y sombras
en este juego de trileros
donde debajo de todos los vasos
está escrito el mismo mensaje:
Adiós.
Sé que nunca volverás.

OS SEPARO DE MÍ

Os separo de mí
y es como clavarme
una canción:
Strada facendo, Una canzone stupida,
Comienzo y final de una verde mañana,
A la orilla de la chimenea. Sei tu...
Vuelvo a ser la rara, Io non ho paura.
Amor se llama el juego, Peor para el sol,
Rascacielos, So close... Blu, Ti dedico il silenzio.
Vorrei soltanto amarti, Il mio quartiere (l'eternità).
L'emozione non ha voce,
Óleo de una mujer con sombrero,
Vuoto a perdere, Lo que siempre me callé...
Almeno tu nell'universo, Vortice,
Ho imparato a sognare, Lía, Derroche,
Contamíname,
A mano a mano, Torna a casa...
El breve espacio
                en que no estás.

Separaros de mí
es como deshuesarme,
como abrirme las costillas,
como sacarme el corazón
—que debe ser muy grande—,
porque, aunque tenga solo uno,

cabéis los dos. —Eso,
o que tiene una profundidad
que no alcanzo a atisbar—.

Os he separado de mí,
no hace ni cinco horas que estoy solo...
Me siento solo y triste,

y la certeza es:
que me muero de amor,
que me abrasa este dolor,
que...

así no puedo continuar.

COMO UNA POMPA DE JABÓN

Sé que esto, pasar, pasará,
y que será algún día.
Lo que no sé es
si será lejano o próximo,
si será eterno o efímero.

Cada día este pellizco será
más sutil y será menos opresor,
y podré respirar
con mis pulmones llenos,
con mi corazón más vacío
y con la mirada seca
la infinidad del mar.

No puedo imaginar cómo será
que ya no me estremezca tu voz,
que ya no me calienten tus pies,
que ya no me aguanten tus brazos,
que tus ojos de amor de ahora
me miren como si tal.

Nada será igual. Yo seré distinto.
Añorarte será un recuerdo;
haberte amado, el pasado
de lo que fue y no fue,
de lo que ya, quizá, no será.

Como una pompa de jabón
me debato entre el aro y los labios,
entre la columna y la rama,
entre el viento y los dedos,
entre el cielo y el suelo,
entre lo razonable y lo irreal.

UN CORAZÓN BAILARÍN

Un día, solo a veces, ocurre la maravilla:
el silencio seduce a la palabra,
los kilómetros pasan a segundos,
los labios se vuelven minutos,
los cuerpos mutan en horas.

Luego, el espacio se alarga,
se estira coloreado del gris,
del verde y marrón a cada lado,
marcando y separando al negro
por el límite blanco punteado.

Y sigue, porque todo sigue
y camina y avanza, cercado
de mar y de montaña, libre,
porque escala y nada como el tiempo,
trepa por la distancia.

No se detiene, no quiere y da
paso corto, mira cerca y mira lejos
a la huella impresa, y a la proyectada;
aguarda a la luz y prevé la sombra
del ángulo obtuso de la palabra.

CON MIEDO, SIN CERTEZAS

Ese día, muchas veces ya, ha sido
temblor, suspiro, risa, abracadabra,
paseos en el parque, rollitos de primavera,
pequeñas masas de pan planas,
y zonas de sol, de arena y de agua.

También dio una vuelta vivaldiana,
aunque tenga mi nombre y una palabra inventada,
de luces a luces en cono sobre la plaza,
que a pesar del frío y la larga deriva,
va con timón rumbo fijo a la cascada.

Un día, ya cada día, ocurre la maravilla
sin haber esperado nada, descubres:
algo que mesura el año luz y el que acaba,
que quieres vivir con un corazón bailarín
en el sistema de medida a razón vida/amada.

CUATRO DE ENERO

Cada día es mi aniversario contigo.
El motivo de celebración es estar
compartiendo una hora, un minuto,
un segundo, el más breve suspiro.

Este tiempo ha pasado sin contarlo,
por lo mismo, porque he celebrado
día a día que te amo y te he adorado,
sin poner entre nosotros ningún hito.

Celebrar la mañana y la puesta de sol,
celebrar la desgana sobre el césped,
celebrar la alegría sobre el asfalto,
celebrar la vida, en suma, ha sido.

Cada día es mi aniversario contigo.
Cada día, hasta que cambia, súbito
todo nuestro escrito, todo nuestro
rumbo que lo marcaba cada latido.

Ahora, sin carta de navegación, perdido,
muevo las fichas sobre este tablero
delimitado como se limita el destino
a marcar las franjas de lo vivido.

VIVIR MI TIEMPO

I

He decidido vivir mi tiempo,
no pensar en poseerlo.
No centrarme inútilmente
en la falacia del «tengo»,
        del tengo que buscar un momento
para tu carne, para tu cariño...
Cuando contigo siempre quiero vivir aquí,
        en el mundo físico,
con tu cuerpo, con tu vicio.
Quiero vivir aquí en el mundo místico,
con tu amor
        y su calor característico.

II

Quiero ser mucho más sencillo, vivir
y sentir contigo lo que vivo.
Quiero ser mucho más complejo, exprimir
palabra y silencio, y sentirme vivo.
Quiero cogerte la mano —sereno—
y con escalofrío,
con razón de ser y desequilibrio químico,
compartir el aire, compartir el frío,
mirarnos confidentes y decirnos con palabras,
y decirnos incluso sin decirnos.

III

Vivo mi corazón abierto a todo tú
conmigo.
Vivo encontrado en tu boca, en tu ombligo.
Y vivir y correr así juntos,
y pasar aniversarios por mil
y mirarnos a los ojos y seguir
—sin miedo, ni barreras—
sintiendo este amor que sentimos.

MUNDO AMARILLO CON SONRISAS

Quiero un mundo con vuestras sonrisas,
vernos y mirarnos a los ojos y que la única
preocupación sea cómo sentarnos en el coche,
cómo divertirnos y qué película ver juntos
y decidir esta noche qué cenar.
Quiero ser vuestro soplo de vida,
quiero ser vuestro *amarillo,*
solo quiero que me veáis y sintáis felicidad.
No sé en qué forma, no sé en qué modo,
no sé cuándo —y me aterra, la verdad—,
salvo que sea a mandíbula batiente,
a trentadue denti.
Reír y reír, reír sin pensar.
Reír y superar que esto sea un desastre.
Reír y que nos volvamos a encontrar.

No le pido más a la vida que sanar las heridas.
Volver, como en *El retorno de las brujas,*
y que nuestros días caminen
por senderos tangentes
y reír juntos, con amor y amistad,
hasta que nos duela la tripa
—como cuando éramos niños—,
hasta no poder ninguno ya más.

ANTONIO RUIZ GARCÍA

PUNTO DE ENCUENTRO:
CALENDARIO ZODIACAL

19 de marzo, Piscis: Agua.
6 de junio, Géminis: Aire.
14 de agosto, Leo: Fuego.

No soy un experto,
pero, pese a los tropiezos y las diferencias,
nos queremos.

Os espero en mi punto de encuentro:
algún sitio entre este desde el que os escribo
y la eternidad.

OTRO VIERNES TRECE

I

Llevo todo el día pensando en llamarte.
Coger el teléfono y marcar tu contacto.
Que descuelgues y oír, en tu voz,
mi nombre.
No lo he hecho. Y hubiera querido. Y quisiera.
Y que vinieras por mí a este lado del cauce,
lleno de historias viejas y nuevas.
Lleno, rebosante de la alegría
que tenías antes,
siempre que me veías.

II

Llevo todo el día pensando en llamarte.
Coger el teléfono y marcar tu contacto.
Que descuelgues y oír, en tu voz,
mi nombre.
No lo he hecho. Y hubiera querido. Y quisiera.
Y que vinieras por mí hasta aquí y aparcar el coche.
Lleno de kilómetros y ansia.
Lleno, rebosante de la alegría
que tenías antes,
siempre que venías.

III

Dos caras de mí: la misma moneda,
que, aun
          de canto,
                    rueda.

COMO LAS HOJAS Y EL VIENTO

Como las hojas y el viento,
me esperas y me dejas ir.
Fuera del árbol, por el aire,
me meces y transportas
a otro lugar, hasta que soples
y me lleve surcando el aire
a otro lugar, otra vez.

Ruedo y hago mil piruetas,
me atasco, me atranco, me ajo,
y prosigo donde el soplo
—a veces cálido, a veces frío—
girando y girando me lleva.

Unas veces, llego a un sitio;
otras, vuelvo atrás a trompicones
y me paro, me muevo, me contradigo,
me miras y acompañas, abrazados,
y caigo y subo, y subo y subo,
y caigo... y caigo bien abajo, y sigo.

Llevo mis puntas dobladas
de tanto golpe contra losa, árbol,
rama, hormigón, asfalto y muro.
Llevo el cuerpo seco y débil,
veo suelo y cielo, y en cada vuelta
nos vemos muchas veces.

Y ninguno me agarra,
salvo unos pocos instantes,
cuando a cualquier cosa quedo prendido.
Y todo lo que me toca me hiere
en este desplazamiento cínico,
porque no consigo echar raíz,
porque no consigo estar aquí,
porque voy soplado lejos y cerca,
sin saber cuál es mi destino.

QUISIERA VOLVER DE COPIAPÓ

Quisiera volver de Copiapó
y tener permiso para decirte
que acabé el libro
que me trajeron, de tu parte,
los Reyes Magos de Oriente.

Quisiera que, como entonces,
conversemos y leerte algo
con mi voz de medianoche.
Quisiera también hablar
del ancho mar, del infinito cielo,
de los momentos felices,
de su precioso recuerdo
y de construir otros nuevos.

Hace poco pasé por tu calle
y se me antojó una *pizza*
mientras paseaba al perro,
o él me paseaba a mí,
siendo, en realidad, honesto.
Me detuve, miré hacia dentro,
dudé, me giré, me fui
y al llegar a casa, pensé
en una de las que te gustan
y la pedí por teléfono.

Y como la *pizza* y el libro
me gustaron tanto, he pensado
en subir estos versos
a una historia de Instagram,
porque no sabía qué hacer
para contártelo.
A ver si así me atrevo.

ESTA NOCHE HE SOÑADO CONTIGO

Después de tiempo sin hacerlo,
he pasado por delante de tu trabajo.
Atendías a unos clientes
con interés, con entusiasmo...
Como antes, como siempre, como ahora
te veo hacerlo, de nuevo,
entre los huecos que dejan las vitrinas.

Absorto estoy y, de pronto, me encuentro
que miras y que me has visto desde lejos,
y a través del escaparate
tu mirada se ha encontrado con la mía,
el cristal ha sido una lente de aumento
que me ha puesto frente a ti
a un palmo, a una distancia minúscula.

Te había visto, me habías visto,
y como antes —como siempre—
me sonreías. Veía tus ojos alegres,
veía tu amplia sonrisa,
se me volcaba el corazón y me latía deprisa.

Me desperté contento, sonriendo.
Estaba soñando contigo.
Qué tristeza.
Qué ironía.

TORPEMENTE

Si hubiera querido darme por vencido,
me hubiera abandonado al mar,
me habría dejado soplar por el viento
aquella tarde que volvía en bicicleta junto al río.

Te hubiera dejado ir sin más,
pero este amor es como los juncos
arraigados en la ribera del cauce,
siendo embestidos por el agua enloquecida
de todo lo que ha sucedido.

El agua se remansa pasada la avenida,
y la vida en el cauce toma vida.
Hágase valer la redundancia.
Y los peces descansan y flotan tranquilos,
y hablan de cosas de peces
ya en aguas serenas, aunque se inquieten
por algún golpe de junco,
por algún breve remolino,
por algún canto rodado
que parece que no esté en su sitio:

un deseo encarnado, una duda
que quiere ser resuelta, un impulso
que quiere ser liberado,
un pensamiento que se instala

entre ceja y ceja,
un pulso entre el recuerdo
y el olvido.

Si me hubiera querido dar por vencido,
no habría entrado en esta cueva subterránea
a descifrar los cimientos de la tierra,
ni a buscar, empapado, donde nació
esa agua embravecida que, aun sin yo dejarme,
tan lejos me ha arrastrado
—bien magullado estoy para demostrarlo—.

Sigo a contracorriente el sendero de agua.
Busco entre las piedras mojadas
lo que he perdido.
No sé si encontraré algo,
si me partiré además la crisma
o si perderé o encontraré
alguno de mis sentidos.

De momento, con el agua
por encima de mis posibilidades,
torpemente prosigo...

ANTONIO RUIZ GARCÍA

ME FUI CON EL AMOR INTACTO

Me fui con el amor intacto
y por dentro todo roto, todo destrozado,
como en una reyerta de bar entre borrachos.
No me queda nada, casi, en orden,
y el desorden es tan promiscuo:
una pelusa, un trozo de botella, mesas rotas,
pelos sobre la barra, puertas descolgadas,
gente que corre, vasos que vuelan,
luces tintineantes, un cristal quebrado,
los tíos por los suelos, los vómitos,
el dolor, la náusea que queda
y alguien con las piernas cogidas sobre el suelo,
ahogándose entre la sangre de otro
y su llanto.

Y me fui con el amor intacto...
Pero ¿cómo puede ser tan profundo?
Pero ¿cómo puede ser tanto?
Lo pienso y no lo entiendo. Y cuando lo entiendo,
es muy poco y, a veces, solo a ratos.
Luego subo y bajo, bajo y subo,
como este asco que me pasa
de arriba abajo, de bajo arriba,
por todo el esófago.

Me fui con el amor intacto
y con el corazón como en una reyerta de bar,
donde no acaban de matarse
los borrachos.

ANTONIO RUIZ GARCÍA

TE NECESITABA SILENCIO

¿Cuál es tu nombre? ¿Cuál es tu cuerpo?
¿Cuál es tu ser?

Mis nombres —dijo— son los suyos,
con su profundidad y sus ecos.

Mis cuerpos —dijo— son los suyos,
con su figura, su vicio y su tacto.

Mi ser —dijo—, sin embargo, es extraño,
como llamarme por sus nombres
cuando estoy solo yo a tu lado.

NO SÉ SI IMPORTA YA NADA

Ahora que estoy a cierta distancia,
a cierto espacio y a cierto tiempo
de la paciencia, de la realidad...
no sé si importa ya nada.

Porque ahora que estás lejos
quisiera hablar contigo, y no sé bien de qué.
Quizá del todo o de la nada,
del hoy, del mañana y del ayer.

Y ahora ya, ¿de verdad, importa?
Lo que pudiéramos hablar lo sé ya.
Te sigo amando, le sigo amando:
os sigo extrañando más o menos igual.

De fantasmas y cadenas sabemos algo,
igual que del peso del pasado sobre la espalda.
Y de amarnos sabemos también otro tanto,
que queda este amor tremendo pero devastado.

Este silencio dice bastante: por un lado,
que estoy bastante destruido y que me arrastro.
Este silencio dice bastante: busco tus fotos
en tus historias y publicaciones a cada rato.

Desde este lugar: distante, frío y afilado,
veo todo con una perspectiva distorsionada,
con una percepción de desesperanza,
mientras viajo en esta montaña rusa, endemoniada.

¿Qué tengo que decirte? Te hablo a ti,
que me lees ahora; y a ti, que puede
que me leas después o nunca, o tal vez...

Solo decirte que aún estoy por aquí, en pie.

Y no me explico bien cómo,
aunque tengo alguna idea del porqué.

FUE UN SUEÑO

Ojalá vivir ahí con vosotros.
Uno preparando café con tostadas,
mientras leemos y llueve a cántaros.
La música y la pintura representadas
en el agua que discurre en meandros
por el cristal, entre la luz y el humo
del calor triádico del hogar.

Fue un sueño,
pero que no nos quede ya nada
por soñar...

ESTOY EN SILENCIO

Estoy en silencio...
Ni me muevo, ni me muero,
ni te mueres, ni te mato,
ni me matas, ni te muero.

Estoy en silencio...
agachado bajo la mesa del tiempo,
subido a la escalera del espacio,
hundido sobre la cama y el desconcierto.

Estoy en silencio...
y grito con toda potencia,
y crujo con toda violencia,
y en doscientos pedazos salto.

Estoy en silencio...
gritando ayuda y socorro al cielo,
rompiéndome todo de dudas,
volviéndome loco.

Estoy en silencio...
por fuera con los labios sellados,
por dentro suenan todas las alarmas,
y las salidas de emergencia, apagadas.

Y yo sigo en silencio...
Ni me muevo, ni me muero,
ni te mueres, ni te mato,
ni me matas, ni te muero.

Y pasa un día tras otro,
esperando que en mí
cambie algo
entre este estruendoso
silencio.

APAGARME

Necesito que algo se apague en mí.
Necesito que esta división vuelva
a estar fundida en una cosa sola:
yo conmigo mismo dentro de mí.

Es extenuante verme así:
sentir estos martillazos en el pecho,
sentir que no puedo vivir contigo,
sentir que tampoco puedo sin ti.

DALTONISMO INVOLUNTARIO

Si tuviera que definirlo como un color
—con los problemas que con ellos tengo—,
sería más negro que el negro
sobre un fondo oscuro,
con un toque sutil de luz tenue,
pero solo para despistar
a mi reflejo sobre este espejo roto.

Si tuviera que hacer algo,
sería hundirme como todos estos días
que esperaba que me hablaríais,
como ahora que no lo espero
y me inunda
todo el vacío y la melancolía.

Estoy intentando comprenderme.
Estoy intentando deshacerme de todo esto:
que arde, que pincha, que aprieta, que ahoga,
que atosiga, que entristece, que mata,
que hiere, que despedaza, que atrinchera,
que entierra, que escapa, que destroza...
de color arena, de sabor a sal,
de pico y pala, y a cavar y cavar.

Y no florece nada. Y no amanece nunca.
Y solo hay malas noticias, y la única esperanza
es que me sacuda de encima la tierra.
Porque sucio y lleno de barro,
lo amo todo con profundidad,
pero aquí alrededor no tiene sentido ya nada.

Sigo con la mirada turbia,
con el pensamiento embarrado,
con la calma en marejada,
con toda el alma vuelta del revés,
y yo preocupándome de un color
que no puedo identificar.

NO PUEDO

Quiero sacarte de dentro,
desilusionarme, llorar, morir
—porque deprimido ya estoy—,
y no puedo.

No puedo
oír tu nombre
y que se me inunden los ojos,
que se me encharquen los pulmones
de jadeos de angustia,
desesperación, desconcierto.
No puedo ver tu imagen y quebrarme
sobre una plaza, un tren, un parque,
un bosque, una terraza, una calle,
o en la cocina mientras mi tía
cuenta el dinero.
No puedo apretar el suelo
para acercarlo y acercarte
y que el pavimiento no me respete
ni se mueva un ápice.

No puedo más y quiero acostarme,
llorar en la cama una noche más
—hasta que me duerma, o sea,
prácticamente toda la noche—
y mañana no querer levantarme.

En La Alcaidesa hace frío: no hay nadie,
y mi cama es la muerte en Málaga Norte.

Y tú no vendrás a despertarme.

COJO EL TREN DE LAS SIETE

Cojo el tren de las siete
menos cuarto de la mañana. Me siento
en mi asiento: extraño, turbio,
como el agua revuelta en la resaca.
Me siento vencido,
como el árbol castigado por el viento.

Voy, porque me he levantado de la cama.
Voy, porque hay que ganarse el pan.
Voy, porque tengo que pagar una casa.
Voy sobre raíles a una velocidad
que aprieta de pronto,
que de pronto se remansa,
como se remansa el río al dejar de ser río,
como se desmorona súbitamente un axioma,
como se vuelve variable el corazón
cuando el amor se desploma.

Voy en el tren y recuerdo tu cara, las bolsas
de tus ojos, la pose para la foto, tu última llamada.
Somos lo que somos: guijarros, ramas, nubes,
un charco pisado que se vacía en cada salto,
una caricia, una lágrima, una canción
desperdiciada.

Voy llegando a mi destino,
deseando pasarme de parada,
que tu «me gustaría vivir contigo»
fuese un quiero y te arrojases al tren
que pasa al filo de mi cama.

A ver qué pasa.

CONSUELO EN LAS PALABRAS

En las propias palabras que te digo
cuando estoy frente al espejo, veo a ese
que me devuelve la vista, el mohín,
con una suerte de interés por mi dolor,
pero que se parece tan poco ya a mi reflejo.

Piso la calle y no levanto un palmo del suelo.
Piso suave, voy ingrávido cruzando
el paso de peatones que separa
esta acera desde ese lugar distante —la otra acera—
y en mitad del paso,
un encuentro fortuito.

—*¿Estás escribiendo?*

Y querías decir
si tengo nuevas historias que contarte...

Estoy escribiendo, y muerdo las palabras,
mientras tapo levemente mi reflejo.
Estoy escribiendo algunas cosas:
duras, porque duelen;
breves, por el tiempo que hace;
sentidas, porque se siente en el aire
la distanza tra il dire e il fare.

La *angustia* me diría: «Escribe, escribe,
queda mucho por decir todavía».

Pero por ahora me despido, todavía ingrávido,
y continúo camino de donde tengo
aparcado el coche.

CRISIS PERSONAL

Cierro los ojos y me invaden los recuerdos.
Son como la luz difusa que se filtra,
mientras me tapo la cabeza con las sábanas
por la mañana.

Cierro los ojos y olvido el nombre de las cosas.
No reconozco el vuelo de los pájaros,
apenas respondo a mi nombre,
casi no sé hacer mi trabajo.

Son las cinco de la mañana y salgo de casa.
Me dejo ir como el globo que se escapa
de las manos de un niño
que salta y llora desde el filo de la acera,
tratando de atraparlo
y que, por más que salte,
lo que ha pasado siempre:
que no llega.

Cruzo la carretera y piso la grava de la nostalgia.
Mis zapatos resbalan como el que pisa
un río veloz, turbio y furioso,
mientras se van flotando sobre el agua
estos gajos duros y blandos de mi alma.

Recuerdo como un sueño ahora
las veces que te dije que te amo,

la primera vez que te lo dije abrazado,
cada vez que pronuncio y escribo tu nombre
y detrás o delante,
con qué magnitud lo hago.

Aquí, desde esta terraza, con los sueños rotos
—con esta crisis de los cuarenta adelantada—,
leo versos sobre el mar que llenan los brazos,
que se guarecen en el pecho, que se mecen
en los ojos y que forman palabras en los labios,
como sueños rotos contra la escollera,
y espuma en los huecos
de todo lo que fue tan bello;
y burbujas en las oquedades del eco
que resoplan y estallan, susurrándome
que, tras los sueños rotos,
el resto ya será mi vida
y que camino solo y acompañado
de vuestras manos
cogiéndome el corazón, buscando
no sé si la luz
o el ocaso.

QUIERO SABOREARTE TODO

Quiero saborearte todo.
Explorar
todos tus ángulos sin límites.
Oler
entre tus muslos
ese olor fuerte que me encandila.

Quiero sentir
cuerpo contra cuerpo
entre dos cuerpos que me aprietan,
entre dos necesidades que me ahogan,
entre dos miedos que me fulminan.

Quiero,
quiero todo
            junto,
quiero todo
            como era antes,
quiero sentirme libre de amarte,
y de amarte...
quiero sentirme libre
            de ser yo mismo.

Quiero sentirme libre
y caminar
como me dicte
     cualquiera
         de mis sentidos.

DÍA DE SAN VALENTÍN

Créeme si te digo que imaginé este día
reunidos a la mesa
por San Valentín, como en aquella broma
de que San Valentín sería
como una cena de empresa.

Me crees, entonces, si te digo que lo imaginé
celebrándolo de otro modo:
con otro modo de alegría.
Como con alegría
y con espinas de dolor
con esta rosa te digo, ahora,
que te amo.

Amor, amante, amigo.
Amante, amigo, amor.
Amigo, amor, amante,
te mando mi pensamiento,
te mando mi corazón,
con esta flor cibernética
llena de todo lo que siento
y vivo. Al filo de este banco mojado
de cualquier calle, que es nuestra calle,
mientras que cada persona camina
con su alegría y su soledad

a su respectivo nido,
para cobijarse y entrar en calor
sin saber muy bien si esto es la vida
y si, en realidad, ha vivido.

INCOMODIDAD

Os presento a esta incomodidad
que parece tan comodísima, sin embargo.

Me presento con este péndulo a dos cuerdas parado,
con estas dos comisuras por cada par de labios,
con esta lascivia egoísta que me va
a terminar consumiendo
hasta la mismísima ceniza.

Os presento a esta soledad en varios brazos,
a este miedo contra las cuerdas
que me desangra por las costillas,
a este sinsabor que huele a tu cuerpo,
a este tacto áspero que raspa cada día,
a esta conciencia quebrada en dos mitades.

También a este *sin querer,* que es un puñal
que hundo profundo en cada pecho.

Te presento a esta saliva de la distancia mínima
de nariz con nariz, de razón y cohecho.
A estas ganas de esconderme y no salir.
A este mi caparazón, que es mi casa y presidio.
A esta vida para que me ponga ya en mi sitio
y que mucho está ya tardando
en darme lo que me merezco,
que no es más que dejarme tirado y maltrecho.

TODO VA A MEJORAR

Te dices al oído, a veces fuerte,
a veces como un estruendoso susurro:
«Todo va a mejorar».
Pero suena poco creíble,
suena poco real a como nos sentimos,
a como me veo sobre el reflejo del agua,
a como te ves sobre el retrovisor,
a como nos vemos al filo de la cornisa,
a como me veo, a como te ves,
a como nos vemos, a como le veo,
a como le ves, a como se ve,
a como te ve, a como nos ve,
a como... ¡yo qué sé!

Más que a mejorar,
todo parece que vaya a enloquecer
acabando en el fondo del precipicio.

SABER QUE ESTE AMOR EN MÍ PURO EXISTE

Saber que este amor en mí puro existe
da gran sentido al dolor de esta herida;
el mismo que me recuerda a la vida
viviendo, a pesar de su gris embiste.

Verme que sangro aquí sobre la quilla
hace que me sienta vivo y tan triste
como un barco naufragando al despiste
del comandante avistando la orilla.

Ahora mi cuerpo como amapolas
se va viajando a remolque hasta puerto,
desgastado por la sal y las olas.

Sin que me quede ya dolor entero
ni alegría, ni una razón a solas
para olvidarme de cuánto te quiero.

ANTONIO RUIZ GARCÍA

SUEÑO INTERRUMPIDO

Anoche tuve un sueño contigo.
Anoche soñando que soñaba,
en sueños, soñé que vivía
otra vez en un sueño interrumpido.

Sabes que te quiero mucho, con todo yo…
Sabes que mi corazón seco agoniza,
que mi alma mutilada se retuerce,
que clarea el amanecer y en la ventana
veo dudas y voces conspirando
por cada día de la semana.

Anoche tuve de nuevo ese sueño,
el de los mil pedazos de tus ojos
y tus manos juntando sueños rotos
con empeño creando trampantojos.

Bordea este río leve su meandro
levantando volutas de polvo en la cama,
piel con piel, amor con amor,
hiere la fricción y la sangre se yergue.

Este sueño no cesa ni lo más mínimo.
Anoche otra vez me desperté soñando
que en sueños te soñaba desesperado,
despierto en un sueño interrumpido.

SOPLA LA NOCHE

Hincha las velas del insomnio la noche,
arrasa con la luz intermitente que queda
entre el corazón y los dientes, levemente,
pese a lo duros que son los días a este lado
de la duda y su sombra.

Sopla la noche con fuerza de ventisca,
con velocidad de rayo y golpe de centella.
Sopla y me arrastra, y se desploma la tarde
sobre un mar de polvo y un cielo de lágrimas llenas
desde el cerro desde el que avistamos
mares de agua y asfalto y, entre las casas,
nuestra casa: Málaga, la bella.

Las torres aberrantes quiebran los cristales
sobre el pecho, donde cuela y escapa el miedo,
donde el miedo escapa y cuela,
de dentro afuera, de fuera adentro,
astillando mis débiles costillas
sobre nuestro punto de encuentro.

Y corro, pero no se adónde va mi carrera.
Huyo, pero huyo de mí, de mi amor que va
martilleando y sembrándose en las grietas,
grácil e imponente como caza la pantera.

En el viento nos miramos, alegres y raros,
surcándonos los brazos con la yema
de la calma y la mano del terror y la despedida,
y del temblor de las piernas tras la merienda
y el vacío subsiguiente a las caricias
antes de la cena y del morir en la cama
hasta el nuevo día.

No sé si nos veremos mañana, pero hoy,
torso contra torso y todo unido hasta la cara
y el olor del otro,
se sincronizan nuestros corazones: a diástole
y sístole de tu calor traspasando mis membranas.
Y entras en mí y yo te acojo, cálido latir retumbando
por toda mi caja masajeando mi corazón,
templando el miedo, la ira, la rabia, la desesperación,
y el sueño quebrado de mirarnos sobre la almohada.

Y allí, juntos como otras veces, en carne y alma,
y ahí, juntos como en los sueños estocados
por la pesadilla,
y aquí, despiertos contando las pecas de tu nariz,
y cerrar los ojos y saborear tus labios de manzana.

Ahora leo estos versos en voz baja, los susurro.
Luego los leo a voz viva y me rajan la garganta.
Y nadie los escucha y tú recibes en el viento
mi voz perdida, sin saber que el viento lastimero
te lleva amor en verso,

te lleva amor en esta poesía
que te quiere devolver cerca de mi alma,
que te quiere tener cerca de mi vida.

ÍNDICE